Besser in Spanisch

Grammatik
3./4. Lernjahr

von
Nadia Klaczko-Gaeth
und Heike Lemke

Cornelsen
SCRIPTOR

Gedruckt auf chlorfrei gebleichtem Papier
ohne Dioxinbelastung der Gewässer.

Die Deutsche Bibliothek – CIP-Einheitsaufnahme

Besser in Spanisch. – Berlin: Cornelsen Scriptor
(Lernhilfen von Cornelsen Scriptor)
Grammatik / Nadia Klaczko-Gaeth; Heike Lemke
Lernjahr 3/4. – 1999
ISBN 3-589-21251-9

Dieses Werk berücksichtigt die Regeln der
reformierten Rechtschreibung und Zeichensetzung.

5. 4. 3. 2. 1. ✓ Die letzten Ziffern bezeichnen
03 02 01 2000 99 Zahl und Jahr des Drucks.

Redaktion: Heike Friauf, Frankfurt am Main
Umschlagentwurf der Reihe: Studio Lochmann, Frankfurt am Main, unter Verwendung eines Fotos von Michael Seifert, Hannover
Illustrationen: Roland Beier, Berlin
Typografie: Julia Walch, Bad Soden
Herstellung und Umbruch: Kristiane Klas, Frankfurt am Main
Lithografie: Tom Harwerth Herstellung, Frankfurt am Main
Druck- und Bindearbeiten: Clausen & Bosse, Leck
Printed in Germany
ISBN 3-589-21251-9
Bestellnummer 212519

Inhalt

¡Muy buenos días!
Zur Einleitung **5**

Qué será será ...
1. Das Futur **6**
   - Bildung **6**
   - Gebrauch **10**

¡No pienses!
2. Der verneinte Imperativ **14**

¡Pase lo que pase!
3. Das Präsens des *subjuntivo* **20**
   - Bildung **20**
   - Gebrauch **22**

No lo haría
4. Das Konditional **31**
   - Bildung **31**
   - Gebrauch **32**

Si tuviera dinero ...
5. Das Imperfekt des *subjuntivo* **34**
   - Bildung **34**
   - Gebrauch **36**

Cuando me abandonaba

6. Nebensätze und ihre Konjunktionen **39**
    - Temporalsätze **39**
    - Kausalsätze **49**
    - Konsekutivsätze **55**
    - Finalsätze **57**
    - Konzessivsätze **62**
    - Konditionalsätze **66**
    - Modale Beziehungen **72**
    - Relativsätze **74**

Dijo que llegabas

7. Die indirekte Rede **81**

¡Muy buenos días!

Zur Einleitung

Wer seine Kenntnisse in spanischer Grammatik verbessern und vertiefen möchte, ist hier genau richtig. Dieses Buch ist für alle geeignet, die ihr Wissen festigen und Unklarheiten beseitigen wollen, egal ob im 3. oder 4. Lernjahr in der Schule oder Berufsschule oder in einem Spanischkurs für Erwachsene.
Es schließt direkt an die „Besser in Spanisch"-Lernhilfe für das 1. und 2. Lernjahr an und ist zugleich ein selbstständiges Übungsbuch.

Gleichzeitig mit den Übungen zur Grammatik können Lernerinnen und Lerner ihre Ausdrucksfähigkeit verbessern: Die abwechslungsreichen Übungen bieten viel Stoff aus dem spanischen Alltag, vom Gespräch beim Bäcker bis zum Leserbrief. Als zusätzliches *caramelo* haben die Autorinnen kleine Textauszüge aus der spanischen Literatur verwendet. So wird man neben der Grammatik auch im Sprachverständnis immer sicherer.

El toro, der kleine Stier, gibt bereitwillig Auskunft und begleitet durch das Buch.

¡Ojo!

El ojo heißt auf Spanisch „das Auge". Darauf zeigen Spanier, wenn sie „Vorsicht", „Achtung" sagen wollen.
Dieses Zeichen weist auf mögliche Fehlerquellen und Stolpersteine hin.

Viel Spaß und *mucha suerte*!

Qué será será ...

1. Das Futur

Bildung

Das Futur ist eine einfache Form. Bei den regelmäßigen Verben wird die entsprechende Endung an den Infinitiv angehängt. Die Endungen sind bei allen Verben gleich und werden betont.

trabajar	***ser***	***vivir***
trabjaré	seré	viviré
trabajarás	serás	vivirás
trabajará	será	vivirá
trabajaremos	seremos	viviremos
trabajaréis	seréis	viviréis
trabajarán	serán	vivirán

Es gibt leider auch einige **unregelmäßige Verben**, aber die Endung bleibt die gleiche!
Die folgenden Verben sind besonders wichtig. Es reicht, die 1. Person anzugeben, die anderen Personen kannst du dann selber ableiten.

decir	**diré**	querer	**querré**
haber	**habré**	saber	**sabré**
hacer	**haré**	salir	**saldré**
poder	**podré**	tener	**tendré**
poner	**pondré**	venir	**vendré**

valer **valdrá** (wird nur in der 3. Person gebraucht)

1 Schreibe einen Zettel und berichte, was im Laufe der Woche alles passieren wird.

el lunes por la mañana, venir, Marisol

ella, quedarse, para toda la semana

yo, hacer las compras

el martes, nosotros, ir al concierto

algún día, llamar a la tienda para preguntar por la tienda de campaña

el miércoles, yo, estudiar, porque el jueves, tener un examen

el viernes, jugar al fútbol con el equipo

el sábado acompañar a la estación de tren a Marisol

2 Beantworte die Fragen mit Hilfe der folgenden Zeitangaben.
Modelo: ¿Has hecho tus deberes? *No, los haré luego.*

1. ¿Has limpiado ya la jaula de tu periquito? (luego)

2. ¿Vais a sacar el perro de paseo ahora? (más tarde)

3. ¿Le has comprado ya una rueda a tu hamster? (mañana)

4. ¿Le han permitido los padres a Juan tener un cocodrilo ? (algún día)

5. ¿Ha dormido el gato en su cesta esta noche? (otro día)

3 Schreibe das folgende Zukunftsszenario um, indem du statt des Präsens das Futur verwendest.

Berlín, 23 de diciembre de 2015.

La palabra aparcamiento o parking *suena* (____________________) tan anticuada como la palabra locomotora de vapor hace 20 años. Como en otras ciudades europeas no *hay* (____________________) vehículos de gasolina. Pero la vida urbana *sigue* (____________________) tan viva como antes pero sin contaminación en el aire. En muchos países europeos el movimiento ecologista *ha realizado* (____________________) sus propósitos. Cualquier tipo de basura no controlada *es* (____________________) mal visto y prohibido bajo multa. *Hay* (____________________) un giro considerable en dirección al tráfico público. Este se *financia* (____________________) con dinero que antes estaba dedicado al presupuesto de defensa. Se *desarrolla* (____________________) una nueva conciencia. El uso del vehículo privado ya no *está* (____________________) de moda. Además el tráfico público *ofrece* (____________________) muchas ventajas. En cada estación *existen* (____________________) contenedores grandes para el equipaje de los usuarios (para la bicicleta, cajas, maletas, etc.). Los trenes *tienen* (____________________) un ritmo que *permite* (____________________) a los usuarios llegar a cualquier lugar en poco tiempo.

Gebrauch

Du kennst bisher die Verwendung mit dem Verb *ir a* + Infinitiv. Diese Form verwendest du, wenn die Handlung unmittelbar bevorsteht.

– Das Futur beschreibt eine **Handlung in der Zukunft**.

Ejemplo: En el año 2030 todo el mundo será diferente. Tú **trabajarás** y **tendrás** una familia.

Dies hast du in den einführenden Übungen schon geübt.

– Das Futur wird verwendet zum **Ausdruck einer Vermutung/Wahrscheinlichkeit**.

Ejemplo: ¿Por qué no ha venido nadie? No sé, nadie **habrá** sabido, que hoy hay una conferencia.

– Das Futur verwenden wir **in Bedingungssätzen** (vgl. S.12).

4 Situation: Ein Schüler ist verschwunden und du wirst als beste Freundin/bester Freund vom Direktor befragt. Beantworte die Fragen, indem du eine **Vermutung** anstellst. Wähle aus den vorgegebenen Antworten jeweils eine sinngemäß passende aus.

La chica es una princesa que tiene un montón de dinero ...
Manuel quiere vivir con ella ...
Vuelve cuando esté harto de la chica y de tanto dinero; algún día se aburre y se acuerda de su director de instituto y se decide a terminar sus estudios ...
Vive en un pueblo en las montañas en el castillo de su novia ...
No se interesa mucho por sus padres, porque siempre le dejaban solo ...
Manuel conoce a una chica muy maja ...

1. Director: ¿Tienes una idea por qué ha desaparecido Manuel?

   Alumno/a: ______________________________

2. Director: ¿Y esto debe explicar su desaparición?

   Alumno: ______________________________

3. Director: Manuel es un chico tan inteligente. ¿Cómo ha podido hacerles sufrir tanto a sus padres?

   Alumno: ______________________________

   ____

4. Director: ¿Y de qué piensas tú que va a vivir?

   Alumno: ______________________________

   ____

5. Director: ¿Cuándo va a volver?

   Alumno: ______________________________

   ____

   ____

6. Director: ¿Dónde está ahora?

   Alumno: ______________________________

   ____

Das Futur benutzt man auch in **Bedingungssätzen** mit der einleitenden Konjunktion ***si***, wenn die Erfüllung der Bedingung **wahrscheinlich** ist. (Siehe dazu auch S. 66).

Ejemplo: Si existe este libro en español, me lo compraré.

5 Bei einer Wahrsagerin.

Bilde sinnvolle Sätze durch Einsetzen der konjugierten Form eines der angegebenen verbalen Ausdrücke.

tener (tú) que irse clandestinamente, quedarse (tú) cerca de él, caerse y herirse (tú), decirle (tú) que él te gusta muchísimo, ponerse muy guapa (tú) y llevar (tú) una rosa roja en la mano, ser (vosotros) muy felices para el resto de vuestra vida y también tus padres (ponerse) contentos

1. Si el lunes conoces a un chico muy majo, ______________________________

____

2. Si te gusta desde el primer momento y si tiene los ojos color aceituna, __________

____

3. Si este chico te invita a pasar con él la noche en la playa, ______________

____

4. Si tu madre quiere prohibirte esta cita, ______________________________

____

5. Si te escapas por la ventana, ______________________________

____

6. Por eso ten mucho cuidado y deslízate por la puerta una vez que estén durmiendo tus padres.

7. Si observas bien mis consejos, ______________________________

____

6 In dem folgenden Leserbrief musst du die Verbformen konjugieren und in die geforderte Zeit setzen.

Estimados lectores: Todos echan la culpa de las acciones racistas a los extranjeros que vienen a nuestro país „solamente“ para enriquecerse sin trabajar. Pero: Si los políticos (hacer) ____________ sus declaraciones considerando la situación económica y social en los países de donde vienen los imigrantes, (ser) ____________ posible aceptarlos sin envidia. Y si los hijos de los imigrantes (poder) ____________ asistir a los colegios y si los adultos (tener) ____________ más facilidades en ganarse la vida trabajando legalmente, no (dedicarse) ____________ al tráfico de drogas, al negocio de coches robados etc. Si nosotros, los ricos, (estar dispuestos) ____________ a compartir nuestra riqueza con los que pasan necesidad, (vivir, nosotros) ____________ también más felices. Si los países desarrollados (preocuparse) ____________ de las naciones subdesarrolladas, la emigración proveniente de estos países (disminuir) ____________ considerablemente. Si (ayudar, nosotros) ____________ a tiempo a desarrollarse a los países pobres, esto nos (costar) ____________ hoy cantidades importantes pero a largo plazo (ahorrar, nosotros) ____________ aún más; (haber) ____________ menos problemas en nuestro país y el comercio con estos países (crear) ____________ puestos de trabajo y así (reducir) ____________ últimamente el paro en nuestro país.

¡Piénsenselo bien!

¡No pienses!

2. Der verneinte Imperativ

Du kennst schon die Befehlsform im Spanischen (siehe auch das Kapitel 12 im Band „Besser in Spanisch. Grammatik 1./2. Lernjahr").
Wenn man jemandem nun etwas **verbieten** möchte (also sagt: tu dies nicht, tu das nicht), spricht man im Spanischen vom verneinten Imperativ. Und diese Form weicht von der des bejahten ab.

cantar	***comer***	***escribir***
¡No cantes así!	¡No lo comas!	¡No escribas así!

Die Du-Form erinnert an die Sie-Form des bejahten Imperativs. In der letzten Silbe wird aus dem ***-a*** der ***ar***-Verben ein ***-e*** und aus dem ***-e*** und dem ***-i*** der ***er***- und ***ir***-Verben ein ***-a***.
Die Du-Form hat lediglich noch ein ***-s*** angehängt.

¡No cantéis así!	¡No lo comáis!	¡No escribáis así!

Die Anrede von mehreren Personen (ihr) kann von der Du-Form abgeleitet werden. In der 2. Person Plural ist der Vokal derselbe und die Endsilbe wird zu ***-éis*** oder ***-áis***.

cantar	*comer*	*escribir*
¡No cante Ud.!	¡No lo coma Ud.!	¡No escriba Ud. de esta manera!

Die Höflichkeitsform entspricht dem bejahten Imperativ.

¡No canten Uds. así!	¡No lo coman!	¡No lo escriban!

An die Sie-Form wird im Plural noch ein ***-n*** angehängt.

¡No caigas en la trampa!

Hier sind die wichtigsten **unregelmäßige Formen** des verneinten Imperativs. Manche dieser Formen kennst du schon vom bejahten Imperativ. Das ***no*** musst du jeweils ergänzen.

	tú	vosotros	usted	ustedes
caer	caigas	caigáis	caiga	caigan
comenzar	comiences	comencéis	comience	comiencen
conducir	conduzcas	conduzcáis	conduzca	conduzcan
contar	cuentes	contéis	cuente	cuenten
dar	des	déis	de	den
decir	digas	digáis	diga	digan
hacer	hagas	hagáis	haga	hagan
huir	huyas	huyáis	huya	huyan
ir	vayas	vayáis	vaya	vayan
pedir	pidas	pidáis	pida	pidan
poder	puedas	puedáis	pueda	puedan
poner	pongas	pongáis	ponga	pongan
querer	quieras	queráis	quiera	quieran
ser	seas	seáis	sea	sean
tener	tengas	tengáis	tenga	tengan
venir	vengas	vengáis	venga	vengan
ver	veas	veáis	vea	vean

¡Ojo! Vielleicht erinnerst du dich an den Tipp aus Band 1, der immer funktioniert. Du bildest die erste Person Singular des Verbs im Präsens, das du hier nun in den verneinten Imperativ setzen möchtest, streichst die Endung *-o* weg und hängst stattdessen die Imperativendung an.

So wird aus:

pedir → pido und aus pido: no pidas, no pida, no pidáis, no pidan

pensar → pienso und aus pienso: no pienses, no piense, no penséis, no piensen

Bei den diphthongierenden Verben wird die **Ihr-Form** immer **ohne Diphthong** gebildet!
entender – entendáis, mover – mováis, jugar – juguéis

ofrecer → ofrezco und aus ofrezco: no ofrezcas, no ofrezca, no ofrezcáis, no ofrezcan

sentir → siento und aus siento: no sientas, no sienta, no **sintáis**, no sientan

1 Diesen Plakaten fehlt noch wichtiger Text. Bilde Sätze mit aufforderndem Charakter und gebrauche dabei verneinte Imperative!

Wähle aus den folgenden Ausdrücken aus und sprich die angegebenen Personen an: *rechazar lo diferente (tú), tirar los deshechos (tú), comenzar a tomar pastillitas y traguitos (vosotros), comer carne de explotación de ganado en masa (tú), solucionar los conflictos no con violencia sino hablando (vosotros), dejar el motor puesto mientras sigue hablando con la novia (Ud.)*

la contaminación del aire

el problema de los deshechos en la playa

la violencia en los colegios

el racismo

la agricultura ecológica

el peligro de las drogas

2 Setze die Imperative in ihre entsprechende verneinte Form. Beachte dabei, dass die **Pronomen** beim verneinten Imperativ wie auch bei den konjugierten Verben vorangestellt werden.

1. ¡Cógelo! ______________________
2. ¡Dímelo! ______________________
3. ¡Pídaselo! ______________________
4. ¡Refréscate! ______________________

3 Forme die Sätze um, indem du das Gleiche durch einen verneinten Imperativ ausdrückst. (Wenn Allgemeingültigkeiten ausgesprochen werden, benutzt man die 3. Person Plural.)

1. Es aconsejable para todos no abrir la puerta durante el viaje.

   ¡No abran la puerta durante el viaje!

2. Es bueno para ti no bañarte directamente después de comer.

   ____

3. Es importante para vosotros no cometer muchas faltas en vuestra solicitud de trabajo.

   ____

4. Es muy natural déjar de conducir al mínimo síntoma de cansancio.

   ____

5. Es muy peligroso para usted disminuir la distancia de seguridad.

   ____

6. Es tonto olvidarte de ponerte el casco si viajas en moto.

   ____

7. Está prohibido para ti seguir este camino porque es privado.

   ____

4 Finde das Verb, das das Gegenteil ausdrückt, und bilde verneinte Imperative, um das Gleiche auszudrücken.

1. ¡Cállate!	*¡No hables!*	4. ¡Dejad de copiar!	______
2. ¡Quédese sentado!	______	5. ¡Deje de llorar!	______
3. ¡Dejadlo!	______	6. ¡Quédese en casa!	______

Nunca se puede hacer nada.

5 Forme die Sätze um und benutze negative Imperative, um das Gleiche auszudrücken.

1. Le pido no decir nada a mis padres.	*Por favor, no diga nada a mis padres.*
2. Te ruego no llamarme antes del lunes.	
3. Les exijo no echarme publicidad al buzón.	
4. Os aconsejo no olvidar de estudiar el tema.	
5. Se ruega a los clientes no fumar en la oficina.	
6. Os prohíbo ofrecer cigarrillos cerca del colegio.	
7. Te pido no coger mi bicicleta porque es muy nueva.	

¡Pase lo que pase!

3. Das Präsens des *subjuntivo*

Bildung

Genau wie bei der Befehlsform kannst du von der 3. Person Singular ausgehen und bei Verben auf ***-ar*** aus dem ***-a*** ein ***-e*** und bei den Verben auf ***-er/-ir*** aus dem ***-e*** ein ***-a*** machen. Dann ergänzt du die Endungen des *presente de subjuntivo*:

pasar	*aprender*	*descubrir*
pase	aprenda	descubra
pases	aprendas	descubras
pase	aprenda	descubra
pasemos	aprendamos	descubramos
paséis	aprendáis	descubráis
pasen	aprendan	descubran

Die **unregelmäßigen Verben** sind dieselben wie beim verneinten Imperativ. Schau dir deshalb noch einmal die Liste auf S. 15 an. Diese Liste muss nur um einige Verben ergänzt werden.

Die 1. und die 3. Person Singular entsprechen der Sie-Form des Imperativs. Die Endungen des *subjuntivo* bleiben immer gleich. Kennt man die 1. Person des *presente de subjuntivo,* kann man die restlichen Formen ableiten.

caber	**quepa**	reír	**ría**
dormir	**duerma/durmamos**	saber	**sepa**
haber	**haya**	sentir	**sienta/sintamos**
oír	**oiga**	valer	**valga**

Generell gilt: **Die Schreibung wird an die Aussprache angepasst.**

¡Ojo!

Auch hier kommt es zu regelmäßigen orthografischen Veränderungen: Verben auf ***-car*** werden im *presente de subjuntivo* zu ***-que***, ***-ger*** wird zu ***-ja***, ***-zar*** wird zu ***-ce*** usw.

1 Setze die Präsensformen ins *presente de subjuntivo*.

toco	______	se acuesta	______
dice	______	pedimos	______
te apetece	______	traéis	______
entienden	______	jugáis	______
recogemos	______	ofrecemos	______
ofrecen	______	mantiene	______
seguís	______	busco	______

2 Stell dir vor, du sitzt neben jemandem, der schwerhörig ist, und du musst ihm alle Aufforderungen laut ins Ohr rufen. In der Regel wird man die Aufforderung nun in der indirekten Rede wiedergeben, d.h. *er/sie sagt, dass du dies oder das tun sollst*. Dieses „sollen" wird in der **indirekten Rede** durch den ***subjuntivo*** wiedergegeben.
Formuliere die Imperative um, indem du sie in der indirekten Rede wiedergibst.

Ejemplo: ¡Levántense todos! *Él dice, que se* ***levanten*** *todos.*

1. ¡Respetad los derechos de las minorías!

______

2. ¡Proteged a los niños!

______

3. ¡Eduquen a sus hijos con comprensión!

______

4. ¡Tenga tiempo siempre que alguien lo necesite!

______

3 Du bist Carla und findest folgende Notizen an deiner Pinnwand vor. Du rufst deinen Freund José an und erzählst ihm, was für Pflichten auf dich warten. Schreibe auf ein separates Blatt.

Ejemplo: *Dice mi padre que vengas ...*

1. *¡Hola Carla! ¡Date prisa en venir, la comida está lista! tu madre*
2. ¡Carla, dile a tu amigo José que venga mañana a primera hora! Papá
3. ¡Saca la cerveza del frigorífico! Marta y Lucía
4. Carla y José, ¡pedidle a vuestro amigo Pepe mi libro de biología si le encontráis esta tarde! Josefina
5. ¡Corre y paga las entradas del concierto de Mecano! Paco

Gebrauch

Der *subjuntivo* ist keine Zeit, sondern ein Modus, d.h. eine Form, in der das Verb eine **Ungewissheit** über den Ausgang einer Handlung ausdrückt. Deshalb wirst du bei den Listen zum Gebrauch immer wieder auf die Worte Zweifel, Wunsch, Gefühl und Hoffnung treffen. Es werden hier nicht tatsächliche Handlungen formuliert, sondern es kommt die Haltung des Sprechers/der Sprecherin zum Ausdruck, indem Gefühle, Wünsche etc. geäußert werden.

I Man benutzt den *presente de subjuntivo* in folgenden Hauptsätzen; es handelt sich um **Ausrufesätze** oder **Wünsche**.

¡Ojalá **venga** pronto!

Ojalá (hoffentlich) drückt einen Wunsch aus und deshalb folgt der *subjuntivo*.

¡Quizás **estudie** más tarde!

Mit ***quizás*** (vielleicht) formuliert man einen Zweifel oder wie hier einen Zukunftswunsch.

¡**Sea** bien venido!

¡***Pase*** lo que ***pase***!

Ein **Wunsch** wird geäußert.

„Was auch immer geschehen möge": in dieser Formulierung steckt eine ungewisse Zukunft.

4 Entscheide, welche Form richtig ist, und unterstreiche sie.

1. Quizás *llama / llame* por teléfono cuando llegue.
2. ¡Ojalá *vuelves / vuelvas* pronto!
3. ¡Que no se te *olvida / olvide* enviarme una postal!
4. ¡*Llámame / llámeme* cuando vengas!
5. ¡Date prisa! ¡*No tardas / tardes* mucho!

5 Setze das in Klammern stehende Verb in den korrekten Modus des Präsens (Indikativ oder *subjuntivo*).

1. ¡Ojalá (dejar) ____________________ de llorar!
2. ¡Buenas noches! ¡Que (vosotros, descansar) ____________________ !
3. ¡Que lo (tú, pasar) ____________________ bien en el viaje!
4. ¡Quizá (él, creerse) ____________________ que le han engañado!
5. ¡Ojalá me (equivocar) ____________________ !
6. ¡Ojalá (ella, acordarse) ____________________ de que hoy (ser) ____________________ mi cumpleaños!
7. ¡Quién (tener) ____________________ tanto dinero como él!

6 Forme die folgenden Sätze gemäß dem Beispiel um.

Ejemplo: Tanto si hace sol, como si no lo hace, nos quedaremos en casa.

Nos quedaremos en casa haga sol o no.

1. Tanto si os apetece, como si no os apetece, tendréis que comerlo porque no hay otra cosa.

___

2. Tanto si te resulta difícil, como si no te resulta difícil, tendrás que estudiarlo.

___

3. Tanto si te gusta, como si no te gusta, seguiré andando con esta chica.

___

4. Tanto si me acompañas, como si no me acompañas, iré a la fiesta de Merce.

___

II Man benutzt den *subjuntivo* nach **Verben und Ausdrücken**,

a. **die einen Wunsch beinhalten**
desear que
exigir que
pedir que
querer que

b. **die einen Befehl formulieren**
mandar que
ordenar que
exigir que

c. **die Angst deutlich machen**
temer que

d. **die eine Hoffnung formulieren**
esperar que

e. **die einen Zweifel beinhalten**
no creer que
dudar que

f. **die Freude ausdrücken**
alegrarse de que

g. **die ein Gefühl beinhalten**
parecer mal/bien que
molestar que
lamentar que

Temo que se me acabe el pasto con tanta contaminación.

7 A Manolito le molestan tantos pedidos, mandamientos y consejos ...
Die Mutter erklärt dem Sohn, was von ihm erwartet wird.

Ejemplo: *Tu papá te recomienda que leas mucha literatura.*

Tu papá	**recomendar**	**que**	leer mucha literatura
Toda la familia	**decir**	**que**	hacer los deberes
Tu tía Julia y el tío Jaime	**mandar**	**que**	ir de compras
Tus abuelos	**aconsejar**	**que**	ser un buen chico
Yo	**pedir**	**que**	tener una buena conducta
Papá y yo	**querer**	**que**	aprender las lecciones
Tu hermano	**rogar**	**que**	limpiar los platos

1. ____________________
2. ____________________
3. ____________________
4. ____________________
5. ____________________
6. ____________________
7. ____________________

8 Forme die Sätze gemäß dem Beispiel um.

Ejemplo: Paco vendrá pronto. Lo espero. → ***Espero que*** *Paco* ***venga*** *pronto.*

1. ¡Tómate las pastillas! La enfermera te lo ha recomendado.

____

2. ¡Ayúdale a levantarse de la cama! Lo necesita.

____

3. ¡No repliquéis al médico!, porque le disgusta.

____

4. Mañana no saldrás del hospital. A mí esto no me gusta.

____

5. Iré a la clínica. Mi radiólogo me ha obligado.

____

9 **„Busco pareja"**

Dies ist die Antwort auf eine Kontaktanzeige. Vervollständige den Brief, indem du die in Klammern stehenden Verben in den korrekten Modus (Indikativ oder *subjuntivo*) des Präsens setzt.

Estimada señora:

__________ (tener, yo) aquí su carta del 15 de este mes en la que __________ (referirse, Ud.) a mi anuncio „busco pareja". Lamento muchísimo que no __________ (ir a conocerme) porque a mí no me agrada que una mujer __________ (trabajar) como policía. Yo deseo una mujer que __________ (quedarse) en casa y estoy muy convencido de que esto __________(ser) lo natural del ser femenino.

Ud. escribe que le ________________________ (gusta mucho) que sus compañeros la ________________ (respetar) como jefa y que espera que yo ________________ (sentir) lo mismo. Dudo que Ud. ________________ (decir) la verdad. Pero a pesar de eso otra vez le digo que ________________ (sentir) mucho no ser el hombre adecuado para Ud. No creo que un hombre de verdad ________________ (deber) respetar una mujer como Ud. Más bien pienso que Ud. ________________ (ser) una de esas feministas o solamente una mal educada.

Para encontrar algún día un hombre y para casarse me permite que le ________________ (recomendar) que ________________ (comprarse, Ud.) un vestido bonito, que ________________ (maquillarse) y que ________________ (dejar) de trabajar en esa profesión que es de hombres. ¿Por qué no se ________________ (buscar) un trabajo de enfermera como una verdadera mujer? Yo quiero que una mujer ________________ (saber) servir, que me ________________ (atender) y que le ________________ (gustar) quedarse en casa haciendo sus quehaceres. ¡Piénselo y escríbame cuando haya cambiado! Le aseguro a Ud. que entonces ________________ (ir a conocer, Ud.) un hombre muy interesante, inteligente y moderno.

Muy atentamente

III Der *subjuntivo* steht nach **unpersönlichen Ausdrücken**, die

a. einen Wunsch ausdrücken

es deseable que

b. eine Möglichkeit ausdrücken

es probable que
es posible que
puede ser que
puede que.

c. eine Notwendigkeit ausdrücken

es preciso que
es importante que
es de gran importancia que
es urgente que
es necesario que

* el gordo – der Hauptgewinn

10 En el departamento de compras del almacén CONTINENTE
Unterstreiche die korrekte Verbform.

1. Es probable que *mandan / manden* la mercancía hoy.
2. Es seguro que *he / haya* recibido ya la confirmación de pedido.
3. Es muy importante que el catálogo *es / sea* en alemán porque van a venir los turistas.
4. Puede ser que *recibimos / recibamos* las latas de atún con retraso.
5. Es cierto que *hemos / hayamos* acordado el pago al contado.
6. Es lógico que la clientela *desea / desee l*a mejor calidad.
7. Es necesario que Uds. *invitan / inviten* a nuestros clientes a degustar el vino.
8. No es seguro que la calidad de la mercancía *corresponde / corresponda* a la de las muestras.

11 „Una carta comercial"

Setze die Verben in die geforderte Zeit und den geforderten Modus (alle Zeiten des Indikativs und des *presente de subjuntivo* sind möglich).

Estimados señores:

Nos (referir) ____________________ a su oferta de vinos del 5 de este mes y les (pasar) ____________________ el siguiente pedido.

Les pedimos que nos (enviar) ____________________ 15 cajas de Rioja al precio de 125 Euros por botella. Es muy importante que la mercancía (llegar) ____________________ antes del 15 de agosto debido a la apertura de nuestra tienda que se (realizar) ____________________ el 30 de agosto.

Nos alegramos mucho de que Uds. nos (haber concedido) ____________________ ____________________ condiciones muy favorables y esperamos que Uds. (ejecutar) ____________________ nuestro pedido con el mejor esmero. En caso de que (disponer) ____________________ de material de publicidad en alemán les agradeceremos mucho si nos (mandar) ____________________ algunos folletos.

Muy atentamente

12 Verstehst du die Verbform richtig? Unterstreiche jeweils den Satz, der am ehesten der unterstrichenen Aussage entspricht.

1. Dada la hora que es, lo mejor será que os marchéis.

Como es tarde, idos a casa.
De ser esta hora, idos a casa.
Aun siendo esta hora, idos a casa.

2. Aunque esté de acuerdo, no lo diré.

Como no estoy de acuerdo, no lo digo.
No lo diré aunque, quizás, esté de acuerdo.

3. El hecho de que no tengan trabajo no explica que sean cabezas rapadas.

Creo que son cabezas rapadas porque no tienen trabajo.
Creo que no por faltarles trabajo se vuelven lógicamente cabezas rapadas.

IV Nach folgenden **Konjunktionen** steht **immer** der *subjuntivo*:

para que (Zweck)
sin que (Art und Weise)
en (el) caso de que (Bedingung)
antes (de) que (Zeit)
mientras (que)
siempre que
hasta que
cuando (Bedingung)

siempre que steht mit dem *subjuntivo* nur bei Temporalsätzen, deren Handlung in der Zukunft liegt und somit unbestimmt ist

Die Übungen zu den Konjunktionen, die den *subjuntivo* bzw. unter Umständen den Indikativ verlangen, findest du im Kapitel 6 bei Temporal- und Konditionalsätzen.

No lo haría

4. Das Konditional

Das Konditional wird ähnlich wie im Deutschen zur höflichen Unterbreitung von **Vorschlägen** benutzt. „Ich **würde** das nicht machen."
Darüber hinaus benötigen wir das Konditional in **Bedingungssätzen** (wenn ..., dann ...).

Bildung

Die Bildung des Konditional ist sehr einfach. Es hat genau die gleiche Grundform wie das Futur (siehe Kapitel 1), nur dass statt der Futurendung die Endung des Konditionals (= Imperfektendung der Verben auf *-er* bzw. *-ir*) angehängt wird.

Die **unregelmäßigen Verben** wie *decir*, *hacer* usw. haben im Konditional den Stamm des unregelmäßigen Futurs (vgl. Seite 6) und hängen ebenfalls die Konditionalendung an.

Ejemplo: decir → Futur: yo **diré** → Konditional: yo **dir**ía

trabajar	*ser*	*vivir*
trabajaría	sería	viviría
trabajarías	serías	vivirías
trabajaría	sería	viviría
trabajaríamos	seríamos	viviríamos
trabajaríais	seríais	viviríais
trabajarían	serían	vivirían

1 Bilde die Konditionalformen folgender Verben.

yo	**tú**	**él/ella**
tomar	vivir	poder
caber	poner	querer
nosotros	**vosotros**	**ellas/ellos**
venir	meter	saber
hacer	salir	ir

Gebrauch

Das Konditional benutzt man hauptsächlich im so genannten **Konditionalgefüge** und zwar dann, wenn die Erfüllung einer Bedingung **unwahrscheinlich** ist. Dies wird im Kapitel 6 „Nebensätze" und beim Gebrauch des *imperfecto de subjuntivo* (Kapitel 5) genauer erläutert.

Das Konditional wird, wie im Deutschen der Konjunktiv, bei besonders höflichen oder hypothetischen Vorschlägen gebraucht.

Ejemplo: Ich an deiner Stelle würde das nicht machen. – Yo en tu caso no lo haría.

2 Stelle Hypothesen auf!

Ejemplo: Yo, en lugar del presidente,
dedicaría más dinero al presupuesto de enseñanza.

1. (hablar) ______________________ con la gente de la calle para no olvidarme de sus problemas.
2. (esforzarse) ______________________ por proteger la naturaleza.
3. (disponer) ______________________ de menos tiempo libre.
4. (encontrar) ______________________ caminos y medios para apoyar a las familias con niños.
5. (controlar) ______________________ los precios de los servicios urbanos.
6. (subir) ______________________ los impuestos sobre los aceites minerales
7. (fomentar) ______________________ el desarrollo de los países subdesarrollados para resolver también el problema de inmigración.

3 Beantworte die Fragen im Konditional. Achte auf die Person!

1. ¿Cuánto me pagarías por el vídeo? ______________________ 300 Euros.
2. ¿Cuándo empezaríais a tocar el piano? ______________________ a los 8 años.
3. ¿Qué harías en mi lugar? ______________________ nada.
4. ¿Cómo te vestirías para ir a una boda? ______________________ como siempre.
5. ¿Qué visitaríais estando en Granada? ______________________ la Alhambra.

Si tuviera dinero …

5. Das Imperfekt des *subjuntivo*

Bildung

Die Form des *imperfecto de subjuntivo* wird von der 3. Person Plural des *indefinido* abgeleitet.

Ejemplo: com-ie-ron → comie-ra/ras/ra/…
trabaja-ron → trabaja-ra/ras/ra/…

An Stelle der Endung ***-ron*** steht die entsprechende Endung. Hier gibt es keine Ausnahmen und die beiden Endungen ***-ase*** und ***-ara*** sind gleichberechtigt.

¡Ojo! Beachte, dass die 1. Person Plural einen **Akzent** trägt.

descansar	***correr***	***abrir***
descansase/descansara	corriese/corriera	abriese/abriera
descansases/descansaras	corrieses/corrieras	abrieses/abrieras
descansase/descansara	corriese/corriera	abriese/abriera
descansásemos/descansáramos	corriésemos/corriéramos	abriésemos/abriéramos
descansaseis/descansarais	corrieseis/corrierais	abrieseis/abrierais
descansasen/descansaran	corriesen/corrieran	abriesen/abrieran

1 Bilde die 1. Person Singular und Plural des *imperfecto de subjuntivo* der folgenden Verben.

	1. Person Singular	**1. Person Plural**
pensar:	______	______
correr:	______	______
salir:	______	______
escribir:	______	______
desear:	______	______

2 Bilde die Formen des *imperfecto de subjuntivo* der folgenden Verben. (Beachte die Regel der Bildung genau, nun handelt es sich um unregelmäßige Verben.)

yo	**tú**	**ella/él/Ud.**
tener	estar	ser
construir	pedir	mantener
poner	eligir	sentir
nosotros	**vosotros**	**ellas/ellos/Uds.**
haber	poder	andar
dar	ver	querer
dormir	preferir	sustituir

3 Setze die folgenden Aussagen mit *subjuntivo* in die Vergangenheit.
Ejemplo: Quiero que descanses más. → *Quería que descansaras más.*

1. Me dice que le escuche con atención para que me entere.

2. Le pido a Juan que coja el teléfono.

3. Los chantajistas exigen que les entreguemos 15 000 000 pesetas.

4. No me gusta que nos quieran obligar a no llamar a la policía.

5. Yo siento mucho que tenga que asustarte con esta historia.

Gebrauch

Grundsätzlich benutzt man diesen Modus immer dann, wenn ein **Wunsch, Befehl etc. in der Vergangenheit** liegt. Beachte die Schlüsselwörter im Kapitel 3 über den *presente de subjuntivo* (S. 22-30).

Man braucht diesen Modus auch, um **irreale oder unwahrscheinliche Bedingungen auszudrücken**. (Siehe dazu ebenfalls Kapitel 3.)

Nach ***como si*** (als ob) steht immer der *imperfecto de subjuntivo*.

Ejemplo: Es como si no tuviera tiempo.

4 Setze in den folgenden Sätzen den *presente de subjuntivo* oder den *imperfecto de subjuntivo* ein.

1. Es una lástima que no ______________ (hacer) sol.
2. Dijo a su secretaria que ______________ (pasar, ella) la carta a limpio.
3. ¿Te permitió que ______________ (fumar, tú)?
4. Es como si este chico ______________ (buscar) algo.
5. Era normal que la gente ______________ (protestar).
6. Era necesario que el conductor ______________ (presentar) su carnet de conducir.
7. Es como si esta chica no ______________ (ser) de aquí.

In den Kapiteln über das Futur und den *presente de subjuntivo* sind dir bereits **Bedingungssätze** begegnet, die mit ***si*** bzw. ***en caso de que*** eingeleitet wurden. Die ***si*-Sätze** verlangen den Indikativ Präsens und im Hauptsatz steht häufig das Futur, die ***en caso de que***-Sätze erfordern den *presente de subjuntivo* und im Hauptsatz das Präsens bzw. das Futur.

Setzen wir diese Konditionalsätze (Bedingungssätze) in die Vergangenheitsform, drücken wir damit aus, dass wir die Bedingungen für **unwahrscheinlich** oder **irreal** halten.
Es tritt dann im Nebensatz der *imperfecto de subjuntivo* auf, im Hauptsatz das Konditional (auch Futur der Vergangenheit genannt).

Ejemplo:

Si tengo dinero (Indikativ Präsens)	viajaré a España. (Futur)	**Si** tuviera dinero *(imperfecto de subjuntivo)*	**viajaría** a España. (Konditional)
En caso de que tenga dinero *(p. de subjuntivo)*	viajaré a España. (Futur)		

5 ¿Cómo conocer a un chico majo?
Setze den Text in die Vergangenheit.

Si quiero conocer a un chico, tendré que poner un anuncio „busco pareja". En caso de que me escriban varios chicos, elegiré a uno según las fotos y acordaré con él una cita. Si nos encontramos para conocernos, me pondré muy guapa. En caso de que el chico realmente me guste, intentaré parecer muy interesante. Si él quiere hablar de sus *hobbys*, haré como si me ________ ________ (interesar) muchísimo. En caso de que a él le guste el motociclismo, yo seré motociclista.

____

____

____

____

____

____

____

____

6 Beherrschst du bereits den Gebrauch aller Vergangenheitszeiten? In dem folgenden Auszug einer Erzählung von Horacio Quiroga kannst du deine Kenntnisse überprüfen. Setze die in Klammern stehenden Infinitive in die geforderte Zeit und den korrekten Modus.

El loro pelado

(haber) ____________________ una vez una banda de loros que (vivir) ____________________ en el monte. Un día un hombre (bajar) ____________________ de un tiro a un loro centinela, el que (caer) ____________________ herido. El peón lo (llevar) ____________________ a casa para los hijos del patrón.Tanto se (dar) ____________________ Pedrito con los chicos, y tantas cosas le (decir) ____________________ las criaturas, que el loro (aprender) ____________________ a hablar. Una tarde (salir, él) ____________________ de la casa y se (ir) ____________________ al bosque. Allí se (asentar) ____________________ en un árbol y de pronto (ver) ____________________ brillar en el suelo dos luces verdes, que (ser) ____________________ los ojos de un tigre. El tigre (querer) ____________________ que Pedrito se (acercar) ____________________ para agarrarlo. Pero el loro no (pensar) ____________________ sino en el gusto que (tener) ____________________ en la casa si él (presentarse) ____________________ a tomar té con leche con aquel magnífico amigo. Así que (acercarse, él) ____________________ demasiado y el tigre (dar) ____________________ un salto terrible, tan alto como si (querer) ____________________ saltar por encima de una casa, y le (arrancar) ____________________ a Pedrito todas las plumas del lomo y la cola entera.

Texto adaptado. Si te interesa el cuento, lee «Los cuentos de la selva» de Horacio Quiroga. Está incluido «El loro pelado».

Cuando me abandonaba

6. Nebensätze und ihre Konjunktionen

Temporalsätze

Temporale Nebensätze drücken **zeitliche Abfolgen** aus. Dabei kann es darum gehen, Vorzeitigkeit, Gleichzeitigkeit oder unmittelbare Folge (Nachzeitigkeit) zu beschreiben (im Deutschen benutzen wir dafür Konjunktionen wie wenn, als, während, bevor, nachdem ...).

a) Vorzeitigkeit

Um die Vorzeitigkeit (im Deutschen ein Nebensatz, der mit „bevor" eingeleitet wird) auszudrücken, benutzt man folgende Konjunktionen:

antes de que **+ *subjuntivo***	Me enteré **antes de que informaran** de eso en las noticias. (Ich wusste Bescheid, bevor sie darüber in den Nachrichten berichteten.)	***Antes (de) que*** wird **immer mit *subjuntivo*** gebraucht, egal ob es sich um eine zukünftige Handlung, um eine bereits stattgefundene Handlung oder um gewöhnliche Abläufe handelt.
antes de **+ Infinitiv**	**Antes de tomar** esa decisión, deberías hablar con él. (Bevor du diese Entscheidung triffst, solltest du mit ihm sprechen.) **Antes de** llegar Juan, llamé por teléfono. (Bevor Juan kam, rief ich an.)	Ist das **Subjekt** in Haupt- und Nebensatz das Gleiche, kann der Nebensatz mit *antes de* + Infinitiv verkürzt werden. Diese Verkürzung ist auch bei unterschiedlichem Subjekt in Haupt- und Nebensatz möglich, wenn es sich bei dem Subjekt des Nebensatzes um ein Pronomen oder einen Namen handelt.

desde que + **Indikativ**	**Desde que** te **conozco** a ti no quiero a ningún otro. (Seit ich dich kenne, liebe ich keinen anderen.)	Der deutschen Konjunktion „seitdem" entspricht die spanische *desde que*, dem deutschen „nachdem" entspricht *después (de) que*.
después (de) que + **Indikativ**	**Después de que** tú me **invitaste** el último viernes, no he vuelto a verte. (Seitdem du mich letzten Freitag eingeladen hast, habe ich dich nicht wieder gesehen.)	Beim Gebrauch von *después de que* ist zu beachten, dass unter Umständen der *subjuntivo* benutzt werden muss, und zwar dann, wenn diese Konjunktion in Verbindung mit Handlungen gebraucht wird, die in die Zukunft reichen oder erst dann einsetzen.
después (de) que + ***subjuntivo***	**Después de que** te **hayas** vestido, ¡llámame por favor! (Wenn du dich (dann) angezogen hast, ruf mich bitte!)	
después de + **Infinitiv**	**Después de recibir** la carta la contesté inmediatamente. (Nachdem ich den Brief erhalten habe, habe ich sofort geantwortet.)	Anstelle eines Nebensatzes mit *después de que* kann bei gleichem Subjekt in Haupt- und Nebensatz auch die Verkürzung mit Infinitiv stehen.
tan pronto como + ***subjuntivo*** *en cuanto* + ***subjuntivo***	**En cuanto recibas** tu sueldo, me puedes devolver los 4000 Euros. (Sobald du dein Gehalt bekommst, kannst du mir die 4000 Euros zurückzahlen.)	Liegt die Handlung in der **Zukunft**, können auch diese beiden Konjunktionen verwendet werden.

1 Unterstreiche die richtigen Antworten.

1. ¿Cuándo te has enterado de que tu mejor amigo te engaña con tu mujer?
   A Yo me he enterado de esto desde que nos fuimos a Madrid.
   B Después de que ella empezó a hacer muchos cursillos yo me enteré.
   C Al verla con mi amigo en un restaurante, supe que eran amantes.

2. ¿Desde cuándo se puede pagar por transferencia bancaria en Euros?
   A Después de que hayas abierto una cuenta en Euros puedes pagar en Euros.
   B Desde que se acabó la Unión monetaria a principios de 1999 se puede pagar por transferencia bancaria en Euros.
   C En cuanto tengas dinero puedes pagar en Euro.

3. ¿Cuándo vas a hacer un viaje por el mundo?
   A Antes de que tenga 50 años haré un viaje por el mundo.
   B Después de que mis hijos salgan de mi casa haré un viaje por el mundo.
   C Desde que tenía 7 años estoy soñando con un viaje por el mundo.

2 Du findest an deiner Pinnwand folgende Nachrichten. Du sollst diese deinem Freund Juan übermitteln. Dazu ist es notwendig, aus jeder Nachricht ein **Satzgefüge mit einer temporalen Konjunktion** herzustellen. Das Subjekt des Satzes, Juan, wird von dir angesprochen.

Ejemplo: ¡Hola Juan! Hoy vendré a las cinco. ¡Compra pan y vino! Carla
Antes de que venga *Carla a las cinco, compra/debes comprar pan y vino.*

Ya preparamos todo.
Después vino el jefe de
la agencia de viajes.
Marta y Ana

Hemos recibo una oferta interesante.
Desde entonces estamos soñando
con un viaje a America.
Pepe y Marco

El paquete con las muestras
del vino granadino ha lle-
gado ya. Ahora me he ido a
casa.
Luisa

Antes de recibir tu carta no
sabía cuanto me quieres.
Ahora estoy muy segura de
tu amor.
Lidia.

Por favor:
Esta noche, cuando
llegues, pon la calefac-
ción. Yo llegaré tarde.
Ana

Ha llamado el Sr. Guerrera:
Ponte en contacto con él a más tardar hoy
por la noche. Mañana por la mañana se va
para Alicante.
Sánchez

3 Una entrevista con un homosexual

Bilde aus den Angaben der linken Spalte Fragen und beantworte sie mit passenden Informationen der rechten Spalte. Bilde zur Beantwortung der Fragen ein temporales Satzgefüge. Du musst auch auf den Sinn achten, die richtige Zeitform des Verbs einsetzen und demgemäß dann eine Antwort auswählen.

Ejemplo: *¿Cuándo vendrás a visitarme? Te visitaré antes de que llegue el invierno.*

¿Cuándo? ¿Desde cuándo?

1. saber (tú), que existe el peligro de contagiarse
2. encontrar (ellos) remedios contra SIDA
3. darse cuenta (tú) de que tienes gustos sexuales diferentes
4. tratar (ellos) a los homosexuales como gente normal y corriente
5. vivir (tú) en pareja con tu amigo
6. ir a Dinamarca para casaros
7. hablar con tus padres sobre tus gustos sexuales

antes de que, después de que, desde que

- antes de cumplir (yo) los 30 años
- después de enterarse ellos que no presentamos ningún peligro para la sociedad
- tener (yo) los 25 años
- desde recibir las primeras noticias en los años 80
- después de haber investigado mucho y de invertir mucho más dinero público en estas investigaciones
- después de tener (yo) mi primera novia y al enamorarme de su hermano
- antes de conocer a mi compañero actual

1. ______________________ ______________________

______________________ ______________________

______________________ ______________________

______________________ ______________________

2. ______________________ ______________________

______________________ ______________________

______________________ ______________________

______________________ ______________________

3. ______________________ ______________________

______________________ ______________________

______________________ ______________________

______________________ ______________________

Schreibe auf einem Blatt weiter.

b) Gleichzeitigkeit

Die Gleichzeitigkeit der Handlungen wird durch die Konjunktion ***mientras*** ausgedrückt. Liegt die Handlung in der Zukunft, steht *mientras* mit *subjuntivo*; liegt die Handlung in der Gegenwart oder Vergangenheit, steht *mientras* mit Indikativ.

mientras **+ *subjuntivo***	**Mientras estés** en Barcelona, escríbenos. (Schreib uns, während du in Barcelona sein wirst.)	Da die Handlung des Hauptsatzes in der Zukunft liegt, steht *subjuntivo*.
mientras **+ Indikativ**	**Mientras** yo **preparo** la comida, mi esposa sale con los niños. (Während ich das Essen koche, geht meine Frau mit den Kindern raus.) **Mientras entraba** en la tienda, me robaron el coche. (Während ich in das Geschäft ging, klauten sie mir das Auto.) Tú ordenas la cocina, **mientras bajo** a comprar. (Du kannst die Küche aufräumen, während ich einkaufen gehe.)	Bei Gewohnheiten und Aktivitäten, die man üblicherweise vollzieht, und bei Handlungen, die in der Vergangenheit liegen oder die im nächsten Augenblick stattfinden, steht *mientras* + Indikativ.

cuando **+ Indikativ**	**Cuando estaba** sentado en el sillón, sonó el teléfono. (Als ich im Sessel saß, klingelte das Telefon.)	Dasselbe gilt für die Verwendung von *cuando*: wenn man es mit „gerade als", „in dem Moment als" übersetzt, steht der Indikativ.
cuando **+ *subjuntivo***	**Cuando llegues**, ¡avísamelo! (Wenn du ankommst, gib mir Bescheid!)	Liegt die erwartete Handlung in der Zukunft, steht *subjuntivo*.

gerundio statt temporaler Nebensatz	**Comiendo** sale de la casa. (Essend verlässt er das Haus.)	Gleichzeitigkeit kann auch durch ein Gerundium ausgedrückt werden, wenn das Subjekt von Haupt- und Nebensatz gleich ist.

4 Stelle ein Satzgefüge her, um die Gleichzeitigkeit der Handlungen auszudrücken. Bilde anschließend wenn möglich einen Satz, in dem die gleichzeitige Handlung durch ein Gerundium ausgedrückt wird.

1. Patricia visita la biblioteca nacional. Allí encuentra su profesora de historia.

   Satzgefüge: ______________________

   ____

   Gerundium: ______________________

   ____

2. Vio caer a una persona al mismo tiempo que al asesino con una pistola.

   ____

   ____

   ____

   ____

3. Veo mucho la tele. Redacto un artículo sobre la publicidad.

   ____

   ____

   ____

   ____

4. No escuches la radio. Estás haciendo los deberes.

   ____

   ____

   ____

   ____

c) Nachzeitigkeit

Die unmittelbare Folge wird durch folgende Konjunktionen ausgedrückt:

así que **+ Indikativ**	**Así que cambia** el tiempo, le duele la rodilla a mi madre. (Sobald das Wetter wechselt, schmerzt meiner Mutter das Knie.)	Bezieht man sich auf eine Handlung, die bereits stattgefunden hat oder normalerweise so stattfindet, wird der Indikativ verwendet.
así que **+ *subjuntivo***	**Así que cambie** el tiempo, vamos a esquiar. (Sobald das Wetter wechselt, gehen wir Ski fahren.)	Bezieht man sich auf eine Handlung, **die erst vollzogen werden muss,** verwendet man *así que* oder *en cuanto* mit *subjuntivo*.
en cuanto (wenn) **+ *subjuntivo***	**En cuanto** salgas de tu casa, llámame, por favor. (Wenn du das Haus verlässt, ruf mich bitte an.)	Der Sachverhalt ist bekannt, die Handlung hat aber noch nicht stattgefunden, daher steht *subjuntivo*.
en cuanto (als) **+ Indikativ**	Mi novia me cayó bien **en cuanto** la **vi**. (Meine Freundin gefiel mir, als ich sie sah.)	Die Handlung hat bereits stattgefunden, daher Indikativ.
cuando **+ *subjuntivo***	**Cuando venga** mi padre, cenaremos juntos. (Wenn mein Vater kommt, essen wir gemeinsam.)	Auch *cuando* dient zur Beschreibung zeitlicher Abfolgen und wird sowohl mit Indikativ als auch mit *subjuntivo* benutzt. Wenn wir wissen, dass die Handlung stattfinden wird, nicht jedoch ihren exakten Zeitpunkt, steht *subjuntivo*.
cuando **+ Indikativ**	**Cuando viene** mi padre, cenamos juntos. (Immer wenn mein Vater nach Hause kommt, essen wir Abendbrot.)	Wird im Nebensatz Indikativ benutzt, dann drücken wir damit aus, dass es sich um eine immer wiederkehrende Handlung handelt.

¡Ojo!

Ihr habt sicher bemerkt, dass der subjuntivo immer dann im Nebensatz benutzt wird, wenn eine Handlung noch nicht stattgefunden hat und Zweifel darüber bestehen, ob sie stattfinden wird.

siempre que + **Indikativ**	**Siempre que pasa** por casa, nos lleva algun regalito. (Immer wenn er zu uns nach Hause kommt, bringt er ein kleines Geschenk mit.)	*Siempre que* und *cada vez que* drücken eine zeitliche Abfolge aus. Werden sie mit dem Indikativ verwendet, übersetzt man sie mit „immer“ oder „jedes Mal wenn“. Es handelt sich also um die Beschreibung von Gewohnheiten (siehe *cuando*).
siempre que + ***subjuntivo***	Te llamaré por teléfono **siempre que** no **tengas** ningún inconveniente. (Ich rufe dich an, vorausgesetzt, dass du keine Einwände hast.)	Steht nach *siempre que* der *subjuntivo*, wird es mit „falls“, „unter der Voraussetzung, dass“ übersetzt.
***al* + Infinitiv** (beim) (*al* ist keine Konjunktion, sondern eine Präposition, und ersetzt den Nebensatz)	**Al abrir** tu carta me puse muy alegre. (Beim Öffnen deines Briefes, oder: Als ich deinen Brief öffnete, freute ich mich.)	Haben Haupt- und Nebensatz dasselbe Subjekt, kann der Nebensatz auch verkürzt werden.

5 Setze das in Klammern stehende Verb in die entsprechende Zeitform im Indikativ oder *subjuntivo*. Achte genau auf die Aussage des Satzes.

1. Entraré **cuando** (entrar) ____________________ los demás.
2. Yo me enteré **en cuanto** (ver) ____________________ llegar el coche de la policía.
3. Me duelen los huesos **siempre que** ____________________ (llover).
4. **Así que** (nacer) ____________________ mi primer hijo, os invito a todos.
5. Ven a casa **cuando** tú (querer) ____________________
6. **Siempre que** no te ____________________ (molestar), te puedo llevar en coche.
7. **Cuando** (llover) ____________________ , se moja el patio.
8. **En cuanto** yo (recibir) ____________________ el fax, prepararé el suministro de la mercancia deseada.
9. **En cuanto** (llegar) ____________________ a casa, mi hermano se pone la bata.

6 Setze die passende Konjunktion ein.
Verwende: *en cuanto*, *cuando*, *siempre que*, *así que*.

Un nuevo sistema para adelgazar

Ya por la mañana ______________________ se levanta, elimine todas las bebidas artificiales. ________________ tiene sed beba una taza de agua o de infusión. ________________ no le moleste olvídese también de las sacarinas. ____________ ________ tenga hambre es muy importante que mastique bien la comida. ______ ___________________ los alimentos no han sido tratado en la boca, el estómago no puede digerirlos. _________________ siga estos consejos verá pronto el éxito.

7 Verbinde beide Sätze durch eine der Konjunktionen bzw. ersetze einen Satz durch einen verkürzten Nebensatz (*cuando*, *en cuanto*, *así que*, *al* + Infinitiv).
Unter Umständen musst du das Verb des Nebensatzes in den *subjuntivo* setzen.

Ejemplo: Voy a comer. Mi hermano viene a casa.
Cuando venga mi hermano, voy a comer.

1. Iré al dentista. El dentista me da una cita.

____

2. Llego a Córdoba. Os llamaré inmediatamente.

____

3. Me di cuenta de que no teníamos pan. Salí de mi casa para cenar fuera.

____

4. Me siento para ver la tele. Siempre llama algún amigo.

____

5. Algún día tienes dinero. Hacemos un viaje a Ecuador.

____

6. El robo fue a las cinco. A las cinco cerraban la tienda.

____

8 Bilde verkürzte Nebensätze, indem du den Nebensatz umformst.

Ejemplo: Me encontré con César cuando entraba en el café.
Al entrar en el café me encontré con César.

1. Yo abrí la puerta. Me di cuenta que alguien había estado allí.

2. Cristóbal Colón pisó la tierra americana. Notó la hermosura de este país.

3. Los jóvenes de hoy recorren todo el mundo. Los jóvenes conocen muchas culturas diferentes.

9 Verbinde jeden Satz durch einen Pfeil mit dem, was er aussagt.

A Se fue riéndose.	1. **Sucesión**
B De vez en cuando salgo con este chico.	2. **Posterioridad**
C Llevo una semana sin ir al instituto.	3. **Duración**
D Hechos los deberes, vayamos a la piscina.	4. **Frecuencia**
E A continuación, nos reunimos en un café.	5. **Simultaneidad**

Kausalsätze

In Kausalsätzen findet man den **Grund** für einen Tatbestand oder eine Aktion, die im Hauptsatz beschrieben wird.
Ein Kausalsatz kann durch folgende Konjunktionen eingeleitet werden:

porque	Come **porque** tiene hambre. (Er isst, weil er Hunger hat.)	*Porque* steht niemals am Satzanfang.
como *dado que* *ya que*	**Como** llueve ahora, no podemos ir al parque. (Da es im Augenblick regnet, können wir nicht in den Park gehen.)	*Como* steht immer am Satzanfang.
pues *debido a (que)* *que*	No podemos ir al parque **pues** llueve ahora. (Wir können nicht in den Park gehen, denn es regnet jetzt.) Ven aquí un momento, **que** te quiero dar el dinero. (Komm bitte mal her, denn ich will dir das Geld geben.)	
puesto que	**Puesto que** llueve, no podemos ir al parque. (Da es regnet, können wir nicht in den Park gehen.)	Wenn der Grund vorangestellt wird, kann *puesto que* benutzt werden.

Eine andere Möglichkeit, kausale Zusammenhänge auszudrücken, bieten folgende Ausdrücke bzw. Präpositionen:

por eso	Llueve. **Por eso** no podemos ir al parque. (Es regnet. Deshalb können wir nicht in den Park gehen.)	*Por eso* leitet einen Hauptsatz ein.
a causa de ***debido a***	**A causa de** la tormenta no salió ningún avión del aeropuerto. (Aufgrund des Sturmes flog kein Flugzeug vom Flughafen ab.)	Die Präposition verbunden mit dem Substantiv ersetzt den Nebensatz.
por	**Por** insultar al policía, tuvo que pagar una multa. (Er musste eine Geldstrafe zahlen, da er den Polizisten beschimpft hat.)	Die Präposition verbunden mit dem Infinitiv ersetzt den Nebensatz.

10 *¿Por qué, porque, el porqué, por que?* Du wirst sagen, dass es so viele *„PORQUÉS"* nicht gibt; in der Regel kennen wir das Fragepronomen und die Konjunktion. Vervollständige die Sätze und du wirst sehen, wann man die unbekannteren *„porqués"* benutzt.

1. ¿ ________________ no te has tomado la copa de vino? No lo he bebido ________________ no me apetece.
2. Te voy a explicar ________________ no me gusta el vino.
3. ¿Cuáles son los motivos ________________ nunca bebes alcohol?
4. Algún día te voy a revelar el ________________ de esa actitud mía.

11 den Gebrauch von:

por que ______________________________

porqué ______________________________

12 Übersetze.

1. Das ist der Grund, warum du nie vorbeikommst.

____

2. Ich weiß nicht, warum du mich nie anrufst.

____

3. Warum? – Eben darum!

____

13 De compras

Beantworte die Fragen, wähle dafür aus den Antwortenkästen eine Antwort und eine passende kausale Verknüpfung aus. Beachte dabei die angesprochene Person und forme den Satz für die Antwort entsprechend um.

Ejemplo: ¿Por qué no te pones las botas?
Como me quedan muy pequeñas, no me las pongo.

1. ¿Por qué quieres ir de compras hoy conmigo?
2. ¿Cómo es que no tienes ganas hoy?
3. ¿Por qué ya no queda nada bonito, mamá?
4. ¿Por qué tenéis que ponerme tan nerviosa, niños?
5. ¿Por qué no te gusta este bañador, niña?
6. ¿Cómo es que allí viene papá con cara de cabreo?

porque
como
por
dado que
debido a
por eso

- tiene un color chillón
- las rebajas que empiezan hoy
- tengo una partida de tenis
- la gran demanda
- a papá no le gustan los almacenes cuando están de rebajas
- es totalmente aburrido aquí si no nos vamos a la juguetería

14 Setze die passende kausale Verknüpfung ein und verwende möglichst viele verschiedene Möglichkeiten.

Un reportaje de una sesión del tribunal

__________________ es el último día del juicio el juez ha dado ocasión al acusado de explicarse.

Juez: Usted quiere explicarme, por favor, __________________ han encontrado sus huellas dactilares en el piso de la víctima si no ha sido Usted, quien ha robado las joyas de su casa.

Acusado: No puedo explicárselo __________________ no quiero meter a otra persona en líos.

Juez: __________________ la situación problemática en la que se encuentra le recomiendo no preocuparse por otras personas, __________________ en caso de que no consiga convencernos de su inocencia le meteremos en la cárcel __________ ________________________ haber robado.

Acusado: __________________ para mí es más importante proteger a esta otra persona prefiero ir a la cárcel.

__________________ el acusado no se explicó parece seguro que van a condenarle. Los murmullos al margen de este proceso no quieren callarse. Se dice que el acusado ha dejado sus huellas dactilares en casa del de la víctima _______________ tiene relaciones amorosas con la mujer. Así que va a la cárcel __________________ el amor que siente hacia esta mujer. Queda la pregunta, ¿ __________________ no habla ella? Así, lo más probable es que se condena a un inocente y a los delincuentes se les deja en libertad y esto solamente __________________ una mujer no se atreve a hablar en favor de su amante.

15 Verbinde die beiden Hauptsätze mit Hilfe der kausalen Konjunktion zu einem Satzgefüge.

1. Los niños iban siempre descalzos. Carecían de zapatos. (como)

2. Se quedaron puros huesos. Llevaban semanas sin comer con regularidad. (ya que)

3. Los ricos viven muy a gusto en los países subdesarrolladas. La mayoría de los pobres trabaja para algunos ricos por muy poco dinero. (porque)

4. El patrón no pagó los salarios. Los campesinos fueron a su casa. (debido a que)

Konsekutivsätze

Den Konsekutivsatz kann man in Beziehung zum Kausalsatz sehen. Während der Kausalsatz den Grund einer Handlung erklärt, führt der Konsekutivsatz darüber hinaus und erklärt das **Ergebnis** einer Handlung. Im Konsekutivsatz wird die **Wirkung** oder das **Ergebnis** der Handlung des Hauptsatzes ausgedrückt.

Konsekutivsätze können durch folgende Konjunktionen eingeleitet werden:

de modo que (sodass) — Hubo una tormenta **de modo que** nos quedamos en el hotel. (Es war Sturm, sodass wir im Hotel blieben.)

Konsekutivsätze stehen immer im Indikativ.

de manera que (sodass)
de tal forma que
por lo que
así que

Perdí mi dinero **de manera que** no sabía cómo llegar a casa. (Ich hatte mein Geld verloren, sodass ich nicht wusste, wie ich nach Hause kommen sollte.)

16 Bilde aus den Hauptsätzen der Übung 15 des vorangegangenen Unterkapitels nun Konsekutivsätze, d.h. Satzgefüge, in denen im Nebensatz (eingeleitet durch eine der oben angegebenen Konjunktionen) das Ergebnis der Handlung des Hauptsatzes steht.

Ejemplo: Manuel es un vendedor muy bueno. Tiene mucho prestigio entre sus colegas.
Kausal: **Como** Manuel es un vendedor muy bueno, tiene mucho prestigio entre sus colegas.
Konsekutiv: Manuel es un vendedor muy bueno, **por lo que** tiene mucho prestigio entre sus colegas.

17 Forme die folgenden Kausalsätze in Konsekutivsätze um.

1. Te van a echar del trabajo porque eres un vago.

2. Puesto que no puedes ir en bicicleta, iremos en bus.

3. Como tu conejo siempre está suelto, te rompe el cable del teléfono.

4. Como he trabajado todo el día con el ordenador, ahora me duele la cabeza.

Finalsätze

Der Unterschied zwischen Finalsätzen und Konsekutivsätzen ist der, dass im Konsekutivsatz das Ergebnis der Handlung des Hauptsatzes wiedergegeben wird. Im Finalsatz hingegen wird das **gewünschte Ergebnis/Ziel** der Handlung im Hauptsatz wiedergegeben. Dies erklärt auch den unbedingt notwendigen Gebrauch des ***subjuntivo* im Nebensatz**, da es sich um eine Absichtserklärung handelt und der tatsächliche Ausgang nicht bekannt ist.

¡Ojo!

Beachte bei Finalsätzen die **Zeitenfolge**:
Steht im Hauptsatz eine Gegenwartszeit (Präsens, Perfekt, Futur), steht im Nebensatz *presente de subjuntivo*;
steht im Hauptsatz eine Vergangenheitszeit (Indefinido, Imperfekt, Plusquamperfekt), steht im Nebensatz der *imperfecto de subjuntivo*.

para que + ***subjuntivo***	¡Ten cuidado con el vaso!, **para que** no te **caigas**. (Vorsichtig mit dem Glas, damit du nicht fällst.)
con el fin de que + ***subjuntivo***	La llamó por teléfono **con el fin de que** se **vean** por la tarde. (Er rief sie mit der Absicht an, dass sie sich am Nachmittag treffen sollten.)

Bei den Konjunktionen *para que, con el fin de que* steht im Nebensatz der *subjuntivo*.

para **+ Infinitiv**	**Para llegar** a tiempo, tomó un taxi. (Um pünktlich anzukommen, nahm er ein Taxi.)
con la intención de **+ Infinitiv**	El acusado ha declarado eso **con la intención de salvarse** de la pena de cárcel. (Der Angeklagte hat diese Erklärung abgegeben, um sich von der Gefängnisstrafe zu befreien.)

Auch Finalsätze können durch andere Konstruktionen ersetzt werden. So kannst du durch *para* + Infinitiv alle die Finalsätze mit *subjuntivo* vermeiden, bei denen das Subjekt in Haupt- und Nebensatz dasselbe ist.

18 Los queridos vecinos

Bilde Finalsätze gemäß dem Beispiel.

Ejemplo: Tienes que pagar la luz, si no, te la cortarán.
*Tienes que pagar la luz **para que** no te la corten.*

1. Tengo que limpiar las escaleras. Si no, se quejarán los vecinos.

2. ¡Hablad más bajo! que protestarán los vecinos.

3. ¡Idos siempre a la escuela porque ya hablan mal de vosotros!

4. Ya necesitamos conseguir un crédito porque queremos comprar una casa propia.

5. Tener una casa es muy importante porque entonces puedes hacer lo que te da la gana.

19 Sage zweimal dasselbe. Benutze einmal *para que* und einmal *para*.

Ejemplo: Te llamo cuando llegue. Así no tengo que esperar.
Te llamo cuando llegue para que no tenga que esperar.
Te llamo cuando llegue para no tener que esperar.

1. Trabajé todo el día. Así pude terminar el arreglo de tu coche a tiempo.

2. Le volveré a llamar esta tarde. Así no olvido pedirle el importe al contado.

3. Él se fue con tiempo a recoger el coche. Así pudo ir antes al banco por dinero.

20 Erinnerst du dich noch an die Schwierigkeiten mit *por* und *para*? An dieser Stelle kannst du noch einmal wiederholen. Setze in dem folgenden Text ein: ***por*** oder ***para***, ***para que*** oder ***porque***, ***por qué*** oder ***para qué***.

Una pareja está discutiendo

Ana: ¿ __________ quieres tener un piso tan caro, __________ no vivimos mal y el alquiler es económico.

Juan: __________ ahora soy director del departamento, necesito un piso o una casa más representativa __________ poder recibir a nuestros clientes también en casa.

Ana: __________ mí puedes recibir a quien quieras, pero yo no veo necesidad __________ yo cambie toda mi vida solamente __________ tú tienes un puesto con más responsabilidad. ¿ __________ no puedes invitar a tus clientes a un restaurante en la ciudad?

Juan: __________ mí es importante vivir en un ambiente que refleje mi posición. __________ eso y también __________ poder invitar a mis clientes quiero otro piso. ¿ __________ te pones tan renitente?

Ana: Pues ¡haz lo que quieras! Pero ¡déjame en paz a mí con tus clientes y directores y tanta representación! Solamente __________ tener un poquito más de responsabilidad como dices y un montón más de dinero uno no tiene que cambiar toda su vida y encima la de su mujer.

21 Du kennst jetzt schon eine ganze Anzahl von Konjunktionen und Präpositionen. Entscheide und setze die passende aus dem Kasten in den Text ein.

1. Les han cerrado la fábrica ______________ supuestas irregularidades en la producción.

para por de porque

2. Amigos: ______________ no nos ponemos de acuerdo, encontrémonos otro día para decidir el asunto.

porque como si en vista de que es que

3. Las sucursales no rendían lo suficiente. El director decidió, ______________ ______, cerrarlas.

pues así con tal de que

4. Me dirijo a usted ______________ presentarle nuestra nueva colección de verano.

para que a fin de por fin de a fin de que

Konzessivsätze

Ein Konzessivsatz beschreibt einen dem Hauptsatz **entgegenstehenden Grund**. Leitest du den Nebensatz im Deutschen mit „obwohl" ein (Obwohl ich keine Lust habe, werde ich an dem Ausflug teilnehmen), dann steht im Nebensatz **Indikativ**. Im Nebensatz wird das Zugeständnis (Konzession) ausgedrückt, das der Handlung im Hauptsatz zu Grunde liegt.
→ reales Zugeständnis

Immer dann, wenn der Nebensatz im Deutschen mit „selbst wenn" eingeleitet wird (Ich werde ihn immer lieben, auch wenn er eines Tages alt, fett und meckerig wird), dann steht im Nebensatz ***subjuntivo***.
→ irreales Zugeständnis

aunque + ***subjuntivo***	**Aunque llueva**, iremos al bosque. (Auch wenn es regnen sollte, gehen wir in den Wald.)	Man benutzt den *subjuntivo*, wenn die Handlung in der Zukunft liegt und/oder eine mögliche Schwierigkeit in sich birgt.
aunque + **Indikativ**	**Aunque estaba** muy engripada, fue al trabajo. (Obwohl er sehr erkältet war, ist er zur Arbeit gegangen.) **Aunque** no **tiene** ganas, va a venir a tu cumpleaños. (Obwohl er keine Lust hat, wird er zu deinem Geburtstag kommen.)	Bei Handlungen in der Vergangenheit wird eher der Indikativ benutzt. Wenn sich der Sprecher seines Zugeständnisses sehr bewusst ist, kann der Indikativ auch bei zukünftigen oder gegenwärtigen Handlungen stehen.
por más que + ***subjuntivo***	**Por más que insistas**, no va a dejar de hacerlo. (Auch wenn du weiterhin insistierst, wird er es nicht sein lassen.)	
por mucho que + ***subjuntivo***	**Por mucho que limpies** este piso, siempre quedará sucio. (Auch wenn du diesen Fußboden noch so oft reinigst, bleibt er immer schmutzig.)	
aún cuando + ***subjuntivo***	**Aún cuando estés** enfadado, quiero hablar contigo. (Selbst wenn du böse mit mir bist, möchte ich mit dir reden.)	

por muy/poco + ***subjuntivo***	**Por muy** barato que **sea**, ¡no lo compres! (Und sei es auch noch so billig, kauf es nicht.)
a pesar de que + **Indikativ**	**A pesar de que llegó** tarde, nadie dijo nada. (Obwohl er zu spät kam, hat niemand etwas gesagt.)
a pesar de + **Infinitiv**	**A pesar de tomar** un taxi, llegó muy tarde. (Obwohl er mit dem Taxi gefahren ist, ist er zu spät gekommen.)

Auch Konzessivsätze können durch einen verkürzten Nebensatz, bestehend aus Präposition und Infinitiv, ausgedrückt werden.

22 Entscheide bei den folgenden Beispielsätzen, ob der Kontext einen Indikativ oder *subjuntivo* erfordert.

1. En Granada se vive muy bien, aunque en verano (hacer) ____________ una calor horrible.
2. Me gustaría mucho viajar al Perú, aunque sólo (ser) ____________ durante un verano.
3. A pesar de que la mochila (pesar) ____________ mucho, me encanta cruzar los Pirineos andando.
4. Por muy barato que (ser) ____________ yo no quiero ir en bus.
5. Aún cuando me (ofrecer, ellos) ____________ mucho más dinero, yo no dejaría de trabajar como guía montañera.

23 Entscheide dich nun für eine passende Verbindung: *sin embargo* (trotzdem), *aunque*, *a pesar de*, *por mucho que*.

1. La cerveza española me encanta, ______________________________ prefiero la alemana.
2. Yo en tu lugar no lo compraría, ______________________________ ella te explique lo barato que es.
3. A mí no me interesa mucho la playa, ______________________________ te parezca que sí.
4. Me ha quemado el sol, ______________________________ haberme puesto mucha crema.
5. ______________________________ te esfuerces, no tendrás éxito.

24 Bilde auf Spanisch Konzessivsätze zu den Bildern. Es gibt mehrere richtige Lösungen.

1. ____

____

2. ____

____

3. ____

____

25 Verstehst du die Konzessivsätze richtig? Unterstreiche den Satz/die Sätze, der/die am ehesten dem jeweiligen Konzessivsatz entspricht/entsprechen.

1. Aun sintiéndose enfermo, va al trabajo.

   Todavía se siente enfermo, pero va al trabajo.

   Por muy enfermo que se sienta, va al trabajo.

   A pesar de sentirse enfermo, va al trabajo.

2. Aunque me lo prometiera, ya no le creería.

   Como no lo promete, no le creo.

   No le creeré, aunque quizás me lo prometa.

   Si no me lo prometiera, lo creería.

3. Aunque el médico nos dice que mi hermano está sano, tiene aspecto de encontrarse mal.

   Tiene aspecto de encontrarse mal a pesar de que nos dice el médico que está sano.

   Teniendo aspecto malo, nos dice que está sano.

   A pesar de su aspecto malo se encuentra bien.

Konditionalsätze

Wie schon in Kapitel 5 „Das Imperfekt des *subjuntivo*" auf S. 36 und 37 erwähnt, handelt es sich hier um ein **Bedingungsgefüge** (Konditionalgefüge), das eine bestimmte **Zeitenfolge** verlangt. Der Nebensatz wird folglich mit dem Wort ***si*** („wenn" oder „falls") eingeleitet.
Dabei ist es auch wichtig, ob eine Handlung noch eintreten kann, ob sie im Bereich des möglichen, also realistisch ist. In diesem Fall steht nach ***si*** der Indikativ Präsens und im Hauptsatz steht der Indikativ Präsens, das Futur oder der Imperativ.

Bedingungsatz	*Hauptsatz*
si + **presente de indicativo**	**presente de indicativo**
Si estás listo con tus quehaceres	paso por tu casa.
si + **presente de indicativo**	**futuro**
Si tienes ganas	iremos al cine.
si + **presente de indicativo**	**imperativo**
Si tienes tiempo	¡pasa por el supermercado!

Oder die Handlung ist so abwegig, dass sie niemals stattfinden wird. Der Sprecher/die Sprecherin hebt auf die irreale Ebene ab. Dann steht nach ***si*** das *imperfecto de subjuntivo* und im Hauptsatz steht das *condicional*.

Bedingungsatz	*Hauptsatz*
si + **subjuntivo del imperfecto**	**condicional**
Si fuera presidente	todos los niños tendrían más derechos.

26 Jeder träumt davon, was er tun würde, wenn ... In der Regel sind diese Wünsche völlig unrealistisch, das heißt, wir benötigen das *imperfecto de subjuntivo* und das Konditional. Verfasse einen Satz zu jedem Bild.

1. ____

____

2. ____

____

3. ____

____

Folgende Konjunktionen können ebenfalls einen Bedingungssatz einleiten:

Alle diese Konjunktionen verlangen immer den *subjuntivo*.

en caso de que + ***subjuntivo***	**En caso de que necesites** algo, estoy aquí al lado. (Wenn du etwas brauchst, ich bin gleich hier nebenan.)
siempre que + ***subjuntivo***	Te presto el dinero **siempre que** me lo **devuelvas** antes del mes que viene. (Ich leihe dir das Geld, wenn du es mir bis nächsten Monat zurückgibst.)
como + ***subjuntivo***	**Como** no me **llames** inmediatamente después de llegar, no tienes que volver a llamar. (Wenn du nicht gleich nach deiner Ankunft anrufst, brauchst du gar nicht mehr anzurufen.)
excepto que + ***subjuntivo***	Vamos a la playa este fin de semana **excepto que vengan** mis padres a pasar el fin de semana con nosotros. (Wir können an diesem Wochenende an den Strand fahren, es sei denn, meine Eltern kommen am Wochenende zu uns.)
gerundio* + *futuro	**Terminándolo** hoy, **tendré** más tiempo mañana. (Wenn ich heute noch damit fertig werde, habe ich morgen mehr Zeit.)

Es ist ziemlich unwahrscheinlich, dass der beschriebene Fall eintritt.

Ist das Subjekt von Haupt- und Nebensatz gleich, kann auch dieser Nebensatz verkürzt werden und zwar durch den Gebrauch eines Gerundiums.

27 Una guía para la resolución de problemas simples con su televisor

Vervollständige den Text durch Einsetzen des konjugierten Verbs im Indikativ oder *subjuntivo* oder im Imperativ.

Si no (haber) ______________ imagen ni sonido (comprobar) ______________ que los interruptores de alimentación (estar) ______________ encendidos. En caso de que (haber) ______________ una imagen pobre (intentar) ______________ con una emisora de televisión distinta. Si (tener, Ud.) ______________ problemas con el texto (ir) ______________ al índice y (buscar) ______________ la Guía del Usuario. En caso de que (aparecer) ______________ manchas de color en la pantalla, (apagar) ______________ el televisor y después (volver) ______________ a encenderlo. El televisor (deber) ______________ estar ahora desmagnetizado.

28 Zum Glück hast du diese technischen Probleme nicht. Doch was wäre wenn? Schreibe nun den Text um und benutze die Vergangenheitszeiten.

Ejemplo: *Si no hubieran ni imagen ni sonido verificaría los interruptores de alimentación conectados.*

29 Setze die richtige Verbform ein.

1. Si tuviera el periódico, ________________ a qué hora empieza la película.

sé, sabré, habría sabido, sabría

2. En caso de que ________________ por París, avisadnos.

pasaréis, paséis, pasáis, pasarais

3. Si ________________ tanto dolor de estómago como dices, ya te habrías tomado las pastillas.

tenías, tendrás, tuvieras, tengas

4. Nos pidió que le ________________ una postal en caso de que ________________ una bonita.

mandáramos, mandemos, mandaríamos, mandásemos encontremos, encontramos, encontraremos, encontráramos

30 Bilde Konditionalsätze. Gebrauche die Konjunktionen: *como, siempre que, con tal de que.*

Ejemplo: No cuidándose un poco más, tendrá que operarse del estómago.
Como no se cuide un poco más, tendrá que operarse del estómago.

Forme die Sätze gemäß dem Beispiel um. Es gibt mehrere richtige Lösungen.

1. **De no cambiar** radicalmente la situación económica, la cifra del paro no va a bajar.

____

____

____

____

2. **No subiendo** mucho los impuestos sobre los aceites minerales, la gente seguirá derrochándolos.

3. **Atendiendo** sus reivindicaciones, los mineros terminarán su huelga.

4. **De prometernos** contratar a más profesores, entablaremos negociaciones.

31 Übersetze den Bedingungssatz.

Wenn ich dich schon im vergangenen Jahr gekannt hätte, hätte ich niemals meinen Mann geheiratet.

Modale Beziehungen

Der modale Nebensatz zeigt auf, **wie** sich das Geschehen im Hauptsatz vollzieht. Dabei kann es sich um einen Vergleich handeln oder es werden die Art und Weise, die Intensität oder das Mittel angegeben.
Die möglichen Konjunktionen sind:

como + **Indikativ**	Puedes hacerlo **como quieres** hacerlo tú. (Du kannst es so machen, wie du willst.)
sin que + ***subjuntivo***	Volvió a casa **sin que** lo **hubiera** avisado antes. (Er ist nach Hause zurückgekehrt, ohne dass er vorher Bescheid gesagt hätte.)

Auch modale Beziehungen können ohne Nebensatz ausgedrückt werden:

gerundio	**Llegando** a tiempo nos puede ayudar con nuestras maletas. (Wenn er rechtzeitig ankommt, kann er uns noch mit unseren Koffern helfen.)	Bei gleichem Subjekt im Haupt- und Nebensatz kann das Gerundium verwendet werden.
de este modo	Hacemos como si no hubiese llamado, **de este modo** ganamos tiempo. (Wir tun so, als hätte er nicht angerufen; auf diese Weise können wir Zeit gewinnen.)	Auch ein Hauptsatz kann eine modale Beziehung aufzeigen.

32 En la cocina

Beantworte die Fragen und wähle für jeden Antwortsatz einen Satz und eine modale Verbindung aus dem Kasten aus.

1. Mamá, ¿por qué tengo que quitar las hojas exteriores de la lechuga?
2. Niña, ¿cómo es, que tú siempre te comes la mitad de las masa cuando preparas un pastel?
3. Niño, ¿no tienes que hacer tus deberes en vez de seguir comiendo bocadillos?
4. ¿Está la hornilla caliente ya?
5. Mamá, ¿cómo debo hacer la salsa para la ensalada?

- de manera que te apetezca
- para no comer muchos pesticidas que contienen las hojas exteriores de la lechuga
- así siempre sé lo bueno que resultará
- sin comer no puedo estudiar
- la hornilla está tan caliente como para quemarse los dedos en un segundo.

(tanto) como
de esta forma
sin que
de este modo

1. Tienes que quitar las hojas de afuera, ______________________

____

2. Tengo que comer tanto ______________________

____

3. No puedo ______________________

____

4. La hornilla ______________________

____

5. ¡Hazla ______________________

33 Setze in den folgenden Sätzen eine modale Verbindung ein.

1. Hay que limpiarse los dientes siempre después de comer, ______________________ se protegen los dientes.
2. Trabaja tan de prisa ______________________ no tuviera tiempo.
3. Lo hacemos ______________________ tú decías.
4. Tienes que escribir con mucho cuidado, ______________________ no tienes que copiarlo.
5. Lo preparamos ______________________ tú nos has explicado.
6. Tengo que terminar este trabajo para fines del mes; ______________________ esté terminado no puedo ir de vacaciones.

Relativsätze

Der Relativsatz gibt nähere Informationen über ein Satzglied des Hauptsatzes. Das wichtigste Relativpronomen im Spanischen ist mit Sicherheit ***que***. Es kann sich auf Personen und Sachen beziehen, für Singular und Plural stehen und als Subjekt (Nominativ) oder direktes Objekt (Akkusativ).
Das Wichtigste örtliche Relativpronomen ist ***donde***, das wichtigste zeitliche ***cuando***.

que Es un libro. Me quiero comprar este libro desde hace mucho tiempo. } Es un libro **que** me quiero comprar desde hace mucho tiempo.

Cada uno puede elegir el curso **que** más le **guste**.

Im Relativsatz kann der *subjuntivo* stehen, wenn die Handlung/der Sachverhalt noch nicht bekannt ist.

Busco un piso **que** no sea demasiado caro.

Im Relativsatz kann der *subjuntivo* stehen, wenn dieser einen Wunsch oder eine Bedingung ausdrückt.

Bei Personen, Dingen oder Objekten kann ***que*** mit folgenden **Präpositionen** benutzt werden:

al que/al cual a la que/a la cual	Ésta es la amiga. **A** ella le escribí una postal.	Ésta es la amiga **a la que/a la cual** escribí una postal.
del que/del cual de la que/de la cual	Éste es el libro. **De** este libro copié el texto.	Éste es el libro **del cual** copié el texto.
en el que/en el cual en la que/en la cual	Ahí está el coche. El señor Gómez siempre va **en** este coche al trabajo.	Ahí está el coche **en el que** siempre va el señor Gómez al trabajo.
con el que/con el cual con la que/con la cual	Ésta es mi moto. **Con** esa moto tuve un accidente la semana pasada.	Ésta es la moto **con la que** tuve el accidente la semana pasada.
sobre el que/sobre el cual sobre la que/sobre la cual	Aquí está el libro de Allende. Quería hablarte sobre este libro.	Aquí está el libro **sobre el que** quería hablarte.
por el que/por el cual por la que/por la cual	Éste es el camino. **Por** este camino paso todos los días.	Éste es el camino **por el que** paso todos los días.
lo que/lo cual		Esto es **lo que** no sé decirte seguro.

Relativpronomen mit einem Artikel haben eine weibliche und eine männliche sowie eine Pluralform. Anstelle von *que* kann oftmals auch *cual* stehen.

Lo que und *lo cual* werden beim Neutrum benutzt und beziehen sich nicht auf Personen oder Sachen, sondern auf Inhalte. Diese Form wird nicht verändert.

---

donde		Este es el país **donde** quiero vivir para el resto de mi vida.
cuyo, cuya, cuyos, cuyas		„En un lugar de la Mancha, de **cuyo** nombre no quiero acordarme ..." (Miguel de Cervantes)
cuando	Son las 10 de la noche. A estas horas suelo tener hambre.	Ésta es la hora **cuando** suelo tener hambre.

Wenn man sich auf Personen bezieht, benutzt man auch folgende relative Verknüpfungen:

quien, quienes **Quien** no ha leído el „Don Quijote" no sabe nada de literatura. (Wer nicht den Don Quijote gelesen hat, weiß nichts über Literatur.)

Dieses Relativpronomen richtet sich nach der Anzahl der Personen.

ser **Es** mi mamá **la que** manda en casa.
Fué Miguel **al que** encontré ayer por la noche.
Era Fernanda **con la** que quería ir al cine el viernes, y no con Juana.

Wenn man eine bestimmte Person hervorheben möchte, verwendet man einen Hauptsatz mit ser, um dann einen Relativsatz zu konstruieren.

34 Verbinde die beiden Sätze, indem du jeweils einen von ihnen in einen Relativsatz umformst.

En Granada

1. Ésta es la Plaza Bibrambla. En esta plaza en el pasado tenían lugar corridas de toros.

____

2. Esta iglesia antiguamente era una mezquita. Quería enseñarla por dentro.

____

____

3. Ésa es la pastelería. Ahí compro siempre los soplillos. (Sahnebaisers mit Mandeln)

4. Ésta es la facultad de letras. Aquí nos reunimos cada mañana.

5. ¡Mira!, allí viene el alcalde. Ayer te hablé de él.

6. Allí arriba en la Alhambra ves el Palacio de Carlos V. La orquesta de Granada siempre da allí un concierto en verano.

35 Setze das korrekte Relativpronomen ein. Es gibt bei einigen Sätzen mehrere richtige Lösungen

1. El tipo ____________ hablabas antes es un sinvergüenza.
2. Ésta es una chica ____________ nadie quiere tener que ver nada.
3. ¿Cómo podías olvidar el cumpleaños ____________ tanto amas?
4. El grupo ____________ actúa hoy es muy famoso
5. Los excursionistas ____________ hemos visto hace una hora han desaparecido.

36 Beschreibe die Bilder und leite die Relativsätze durch die entsprechende Form von *cuyo* ein.

Verständnishilfen:
① Der Verliebte isst für gewöhnlich im Restaurant des Mädchens.
② Kredit aufgenommen. Was steht im Schaufenster der Bank?
③ Ich werde dort einziehen. Was liegt im Erdgeschoss des Hauses?

37 Übersetze folgende Fragen und Antworten. Achte auf das richtige Relativpronomen.

A	B
In welchem von diesen Häusern wohnst du?	Ich wohne in dem, dessen Dach blau angestrichen ist.
Kennst du die Nachbarn schon?	Ja, ich kenne die Familie, deren Wohnung im dritten Stock liegt.
Ist das die Nachbarin, von der du eben gesprochen hast?	Nein, das ist sie nicht; das ist die Frau, deren Hund meine Katze erschreckt.

38 Bilde Satzgefüge. Aus jedem Kasten entsteht ein langer Satz, die einzelnen Teile werden durch Relativpronomen verbunden.

1. Marta me regaló un mechero (Feuerzeug).
   Perdí el mechero el miércoles.
   Me di cuenta el jueves.

2. El domingo sali con una chica.
   Tú me presentaste a esa chica.
   Ella no tiene amigos en la ciudad.

3. Tú no me dices la verdad.
   Yo lo sé por tu cara.
   Tu cara se ha enrojecido.

1. ______________________________

____

____

2. ______________________________

____

____

3. ______________________________

____

____

39 Benutze die Relativpronomen *que*, *quien/quienes*, *cuyo/cuya*, je nachdem, wie es der Satz erfordert.

1. El río ____________ se ve desde aquí es muy grande.
2. La firma Renault, ____________ coches se venden mucho en España, es francesa.
3. ____________ estudia, aprueba.
4. He visto al muchacho de ____________ me hablaste.
5. Al hombre ____________ esposa ha fallecido se le dice viudo.

Dijo que llegabas

7. Die indirekte Rede

Während man im Deutschen in der indirekten Rede den Konjunktiv verwendet, gilt es im Spanischen auf die Zeitenfolge zu achten. Ausgangspunkt ist die Zeit des Hauptsatzes.
Im Spanischen unterscheidet man dafür zwischen Gegenwartszeiten und Vergangenheitszeiten.

Die **Gegenwartszeiten** sind: Präsens, Perfekt, Futur und Konditional.
Die **Vergangenheitszeiten** sind: *indefinido*, Imperfekt und Plusquamperfekt.

Gegenwartszeiten

Originalaussage	***Indirekte Rede***	
	Hauptsatz	**Nebensatz**
„Llego a las 8h en punto."	Dice que	llega a las 8h en punto.
	Ha dicho que	
„¡Limpia tus zapatos!"	Dirá que	limpies tus zapatos.
	Diría que	

Die Zeit des Originalsatzes (Aussagesatzes) wird nicht verändert.

Ist die Originalaussage ein **Imperativ**, so wird dieser in der indirekten Rede durch *presente de subjuntivo* ausgedrückt.

Vergangenheitszeiten

Originalaussage	*Indirekte Rede*	
	Hauptsatz	**Nebensatz**
„Estoy cansado."		estaba cansado.
„¡Limpia tus zapatos!"		limpiaras tus zapatos.
„He estado cansado."	Dijo que Decía que Había dicho que	había estado cansado.
„Estaré cansado."		estaría cansado.

Steht der Originalsatz im Präsens, so wird der Nebensatz in der indirekten Rede in das Imperfekt gesetzt.

Die **Befehlsform** wird nun im *imperfecto de subjuntivo* wiedergegeben.

Steht der Originalsatz im Perfekt, so wird er in der indirekten Rede in ein Plusquamperfekt umgewandelt.

Steht der Originalsatz im Futur, so wird er in der indirekten Rede ins Konditional gesetzt.

Steht der **Aussagesatz** bereits in einer **Vergangenheitszeit**, so bleibt diese Zeit bei der indirekten Rede in der Vergangenheit bestehen.

Ejemplo: „Estaba cansado." → Dijo que estaba cansado.

¡Ojo!

Beachte, dass du die Personalpronomen und Possessivpronomen in der indirekten Rede angleichen musst. Verändern musst du auch die Konjugation des Verbs, je nach Perspektive des Berichterstatters.

Ejemplo: „**Te** voy a regalar mi libro." → Él **me** dijo que **me** iba a regalar su libro.

Es gibt nicht nur *decir*, um die indirekte Rede einzuleiten:

explicar	erklären
preguntar	fragen
subrayar	hervorheben
añadir	hinzufügen
comentar	bemerken
revelar	aufdecken
afirmar	bestätigen
expresar	ausdrücken
dar a conocer	bekannt machen
negar	leugnen
cuestionar	anzweifeln
agregar	hinzufügen

1 Stell dir vor, du hast die folgenden Ereignisse miterlebt (siehe S. 84) und sollst als Zeuge den Vorfall **am gleichen Tag** schildern.

***Aparece** este chico y le grita a la señora que* ______

______

______

______

______

______

______

______

______

______

______

______

______

1
¡Eh, abuela!
¡Dame tu dinero!
No soy tu abuela y si quie
una paliza, ¡dímelo!
2
Sí, sí, pero, ¡dame el dinero!
No te lo daré y si me llamas
otra vez abuela,
te doy una paliza.
3
Si no me das el dinero
ahora mismo, te mataré.
¿A que no lo intentas?
4
Si hubieras dicho, por favor,
te habría dado veinte duros.
¡AY!
BEIER

2 Gib den folgenden Textauszug aus „Pepe Rey, El hombre que veía demasiado" von Loreto de Miguel und Alba Santos in der indirekten Rede wieder. Die Ereignisse in Pepes Büro werden **einige Tage später** geschildert. (Weggelassen werden bei der Wiedergabe in der indirekten Rede umgangssprachliche Ausdrücke wie *bueno* etc.)

- Buenos días. Usted es el señor Roca, ¿verdad?
- Sí, José Roca.
- Bueno, ¿Qué le pasa, señor Roca?
- La verdad es que estoy metido en un lío que no entiendo. Una amiga mía le conoce, dice que usted es muy buen detective y por eso he venido a verlo. Bueno, mire, yo estoy en Madrid pasando unos días para hacer un reportaje sobre las fiestas de San Isidro.
- ¿Eres periodista?
- Bueno, más o menos. Hago fotos y artículos de viajes para algunas revistas, pero también trabajo en relaciones públicas.

3 In dieser letzten Übung zur indirekten Rede musst du alle Regeln beherrschen. Es handelt sich um einen Auszug aus dem Buch „Un Amigo en la selva" von Alfredo Gomez Cerdá.

Nico avanzó hacia Pierre.

(Nico:) Te propongo un trato – le dijo.

(Nico:) Yo te doy el diamante y tú te marchas inmediatamente de aquí y no regresas jamás.

(Senka:) No puedes hacer eso, Nico – intervino Senka.

(Nico:) Lo haré; no quiero que te mate.

(Senka:) Prefiero morir mil veces antes de que él toque el lutarmainé (ein besonderer Diamant).

(Nico:) No digas tonterías.

(Senka:) Si le entregas el lutarmainé, dejaremos de ser amigos. Mi pueblo y yo te odiaremos.

(Nico:) Me da igual.